Üben 1 Ergänze die fehlenden Wörter.

_ _ _ _
_ _ _ _ _ _ _,
B e n.

Üben 2 Ergänze die fehlenden Wörter.

_ _ _ _ _,
_ _ _ _ _ _
_ _ B e n.

What's your name? My name is ....

Hallo, wie heißt du?

Lösung 1 Für die richtig ausgefüllte Sprechblase gibt es 1 Punkt.

Good morning, Ben.

Lösung 2 Für jeden richtig ergänzten Satz gibt es 1 Punkt.

Hello, **my name is Ben.**
What's your name? My name is *(dein Name)*.

Vocabulary – Wortschatz

Good morning!	Guten Morgen!
Hello!	Hallo!
What's your name?	Wie heißt du?
My name is Ben.	Ich heiße Ben.

Üben 1 Punkte Üben 2 Punkte

Üben 3 Ergänze die fehlenden Wörter.

Lilly is a girl.

Anne, Lilly and Judy are girls.
Anne, Lilly and Judy are friends.

Ben is a boy.

Bob, Tony and Ben are boys.
Bob, Tony and Ben are friends.

.... is a ....

.... is a ....

.... and .... are
.... They are ....

.... and .... are
.... They are ....

Hello and goodbye! – Hallo und auf Wiedersehen!
Freunde

Freunde

Lösung 3 Für jeden richtigen Satz gibt es 1 Punkt.

Anne is a **girl.**
Bob is a **boy.**
Lilly and **Judy** are **girls.**
They are **friends.**
Tony and **Ben** are **boys.**
They are **friends.**

TIPP

Einzahl			Mehrzahl		
1. Person:	I	ich	1. Person:	we	wir
2. Person:	you	du	2. Person:	you	ihr
3. Person:	he	er	3. Person:	they	sie
	she	sie			
	it	es			

Vocabulary – Wortschatz

boy	der Junge
friend	der Freund/die Freundin
girl	das Mädchen

Üben 3 ☐ Punkte

Üben 4 Ergänze die fehlenden Buchstaben.

Auf Wiedersehen!

Lösung 4 Für jede richtig ausgefüllte Sprechblase gibt es 1 Punkt.

Vocabulary – Wortschatz

Bye-bye!/Bye!	Tschüss!
Goodbye!	Auf Wiedersehen!
See you!	Bis bald!

Üben 5 Verbinde jede Zahl mit dem passenden Zahlwort.

seven

four

one

six

nine

two

ten

three

eight

five

Zahlen und Zahlwörter

Lösung 5 Für jede richtige Zuordnung gibt es 1 Punkt.

1 – one, 2 – two, 3 – three, 4 – four, 5 – five,
6 – six, 7 – seven, 8 – eight, 9 – nine, 10 – ten

TIPP

So zählst du weiter bis 100:

20	twenty	50	fifty	80	eighty
30	thirty	60	sixty	90	ninety
40	forty	70	seventy	100	one hundred

Üben 5 ☐ **Punkte**

Üben 6 Ordne den Bildern die Zahlwörter aus dem Kasten zu.

seven ~~two~~ six eight three ten five nine four one

two ....

....

....

....

....

....

....

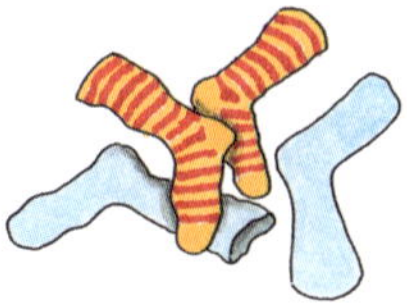

....

....

....

Numbers – Zahlen

Gegenstände zählen

Lösung 6 Für jede richtige Zuordnung gibt es 1 Punkt.

 two

 nine

 eight

 three

 six

 seven

 five

 four

 one

 ten

Üben 6 Punkte

Üben 7 Male das Bild aus. Verwende die angegebenen Farben.

Malen nach Zahlen

Lösung 7 Für das richtig ausgemalte Bild gibt es 6 Punkte.

Üben 8

Verbinde jeweils mit dem passenden Wort.

cat

mother

Lilly

dog

brother

father

sister

cat

Üben 9

Wer ist das? Ergänze die fehlenden Wörter.

1. Ben ....
2. ....
3. ....
4. ....
5. ....
6. ....

Familienfotos

Lösung 8

Für jede richtige Zuordnung gibt es 1 Punkt.

Lösung 9

Für jedes richtige Wort gibt es 1 Punkt.

1. Ben, 2. father, 3. mother, 4. brother, 5. dog, 6. dog

Vocabulary – Wortschatz

brother	der Bruder	father	der Vater
cat	die Katze	mother	die Mutter
dog	der Hund	sister	die Schwester

Üben 8 ___ Punkte   Üben 9 ___ Punkte

Üben 10 Schreibe das jeweils passende Wort aus dem Kasten neben die Bilder. Beachte die Einzahl- und Mehrzahlformen.

father	dogs	mother	~~dog~~	family	cat	brothers	cats

dog

Alles Familie!

Lösung 10 Für jede richtige Zuordnung gibt es 1 Punkt.

dog

cats

brothers

mother

father

dogs

cat

family

TIPP

Im Englischen wird die Mehrzahl in der Regel mit einem angehängten **-s** am Wortende gebildet:

one dog   two dog**s**
one cat   two cat**s**

Üben 11 Ordne den Personen das jeweils passende Wort aus dem Kasten zu.

daughter	grandmother	parents	~~grandfather~~
son	grandfather	grandmother	

Familienstammbaum

Lösung 11 Für jede richtige Zuordnung gibt es 1 Punkt.

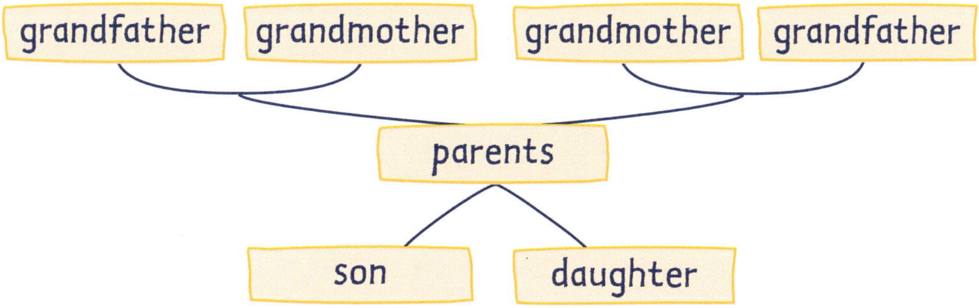

TIPP

So lauten im Englischen die Kosenamen für die Eltern und Großeltern:

dad, daddy	Papa, Papi	grandma, granny	Oma
mum, mummy	Mama, Mami	grandpa, grandad	Opa

Vocabulary – Wortschatz

daughter	die Tochter	parents	die Eltern
grandfather	der Großvater	son	der Sohn
grandmother	die Großmutter		

Üben 12 Ergänze die fehlenden Wörter.

Ben, Mike

Ben has got a big brother. He is 12.

His name is M i k e.

Lilly, Chris, Jenny

Lilly has got a little brother. He is 3.

His name is _ _ _ _ _.

Lilly has got a _ _ _ sister.

She is 14. Her name is Jenny.

Mike has got a _ _ _ _ _ _   _ _ _ _ _ _ _.

His name is _ _ _.

Chris has got two _ _ _   _ _ _ _ _ _ _.

Lilly has got _ _ _ cats

and _ _ _ dog.

Ben has got _ _ _ dogs.

Groß und klein

Lösung 12 Für jeden richtig ergänzten Satz gibt es 1 Punkt.

Ben has got a big brother. He is 12. His name is **Mike.**
Lilly has got a little brother. He is 3. His name is **Chris.**
Lilly has got a **big** sister. She is 14. Her name is Jenny.
Mike has got a **little brother.** His name is **Ben.**
Chris has got two **big sisters.**
Lilly has got **two** cats and **one** dog.
Ben has got **two** dogs.

TIPP

Einzahl			Mehrzahl		
1. Person:	my	mein	1. Person:	our	unser
2. Person:	your	dein	2. Person:	your	euer
3. Person:	his	sein	3. Person:	their	ihr
	her	ihr			
	its	sein			

Vocabulary – Wortschatz

big groß

little klein

Üben 12 ☐ **Punkte**

Üben 13 Verbinde jedes Bild mit dem passenden Wort.

Animals – Tiere

Was ist das für ein Tier?

Lösung 13

Für jede richtige Zuordnung gibt es 1 Punkt.

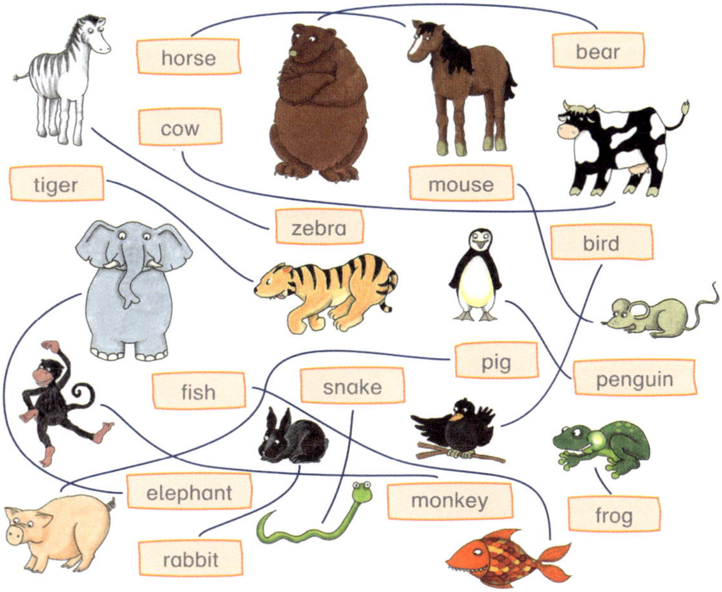

Vocabulary – Wortschatz

bear	der Bär	mouse	die Maus
bird	der Vogel	penguin	der Pinguin
cow	die Kuh	pig	das Schwein
elephant	der Elefant	rabbit	das Kaninchen
fish	der Fisch	snake	die Schlange
frog	der Frosch	tiger	der Tiger
horse	das Pferd	zebra	das Zebra
monkey	der Affe		

Üben 13 Punkte

Üben 14 Acht Tiere sind im Buchstabengitter versteckt. Finde sie und schreibe sie auf.

A	C	H	O	R	S	E	G	F	M
K	B	E	W	J	D	O	R	Z	L
P	M	G	V	Z	N	I	H	E	U
U	O	R	F	I	S	H	S	B	F
I	U	F	Q	M	E	T	I	R	Y
J	S	B	D	T	C	A	T	A	N
P	E	C	O	R	S	V	K	D	A
K	I	O	G	F	U	L	G	W	P
E	C	W	N	B	I	R	D	L	B
U	I	D	A	P	V	M	H	E	G

1. mouse
2. ...
3. ...
4. ...
5. ...
6. ...
7. ...
8. ...

Tiere gesucht!

Lösung 14

Für jedes richtige Wort gibt es 1 Punkt.

A	C	H	O	R	S	E	G	F	M
K	B	E	W	J	D	O	R	Z	L
P	M	G	V	Z	N	I	H	E	U
U	O	R	F	I	S	H	S	B	F
I	U	F	Q	M	E	T	I	R	Y
J	S	B	D	T	C	A	T	A	N
P	E	C	O	R	S	V	K	D	A
K	I	O	G	F	U	L	G	W	P
E	C	W	N	B	I	R	D	L	B
U	I	D	A	P	V	M	H	E	G

1. mouse, 2. cow, 3. dog, 4. zebra, 5. horse, 6. fish, 7. cat, 8. bird

Üben 15 Welche Tiere findest du in diesem Bild? Ergänze die fehlenden Buchstaben.

two r _ b b _ t s

two c _ _ s

two _ _ _ s

one f _ _ _

one _ _ r s _

one _ o u _ _

one _ _ g

one e _ _ p h _ _ _

one _ _ _ k _

one _ e _ _ u i _

Animals – Tiere

Tierisches Durcheinander

Lösung 15 Für jedes richtige Wort gibt es 1 Punkt.

two **rabbits**	one **mouse**
two **cats**	one **pig**
two **dogs**	one **elephant**
one **fish**	one **snake**
one **horse**	one **penguin**

Üben 15 Punkte

Üben 16 Hast du ein Haustier? Ergänze die fehlenden Wörter.

Have you got a pet?

Yes, I have got a d _ _ _. I like _ _ _ _ s.

Have you got a pet?

Yes, I have got a _ _ _. I like _ _ _ _.

Have you got a pet?

Yes, I have got a _ _ _ _ _ _.

I like _ _ _ _ _ _ _.

Have you got a pet?

Yes, I have got a _ _ _ _ _.

I like _ _ _ _ _ _.

Have you got a pet?

Yes, I have got a _ _ _ _. I like fish.

Hast du ein Haustier?

Lösung 16 Für jeden richtig ergänzten Satz gibt es 1 Punkt.

Have you got a pet? Yes, I have got a **dog.** I like **dogs.**
Have you got a pet? Yes, I have got a **cat.** I like **cats.**
Have you got a pet? Yes, I have got a **rabbit.** I like **rabbits.**
Have you got a pet? Yes, I have got a **horse.** I like **horses.**
Have you got a pet? Yes, I have got a **fish.** I like fish.

TIPP

Bei den meisten Namenwörtern wird die Mehrzahl mit einem angehängten **-s** am Wortende gebildet. Bei manchen wird die Mehrzahl aber unregelmäßig gebildet.

one fish	two fish
one mouse	two mice
one child	two children

Vocabulary – Wortschatz

Have you got a pet?	Hast du ein Haustier?
Yes, I have got a dog.	Ja, ich habe einen Hund.

Üben 17 Welche Tiere leben im Zoo und welche auf dem Bauernhof? Schreibe die Wörter aus dem Kasten neben das passende Bild.

zebra	pig	monkey	dog	horse	bear	cow	
cat	snake	mouse	penguin	elephant	tiger	rabbit	

Zoo oder Bauernhof?

Lösung 17 Für jedes richtig zugeordnete Wort gibt es 1 Punkt.

farm: pig, dog, horse, cow, cat, mouse, rabbit
zoo: zebra, monkey, bear, snake, penguin, elephant, tiger

Vocabulary – Wortschatz

farm	der Bauernhof
zoo	der Zoo

Üben 17 Punkte

Üben 18 Welche Farbe ist das? Ordne den Stiften das jeweils passende Wort aus dem Kasten zu.

~~yellow~~	green	pink	blue	red	grey	white
		brown	black	orange		

yellow

Colours – Farben

Welche Farbe ist das?

Welche Farbe ist das?

Lösung 18 Für jede richtige Zuordnung gibt es 1 Punkt.

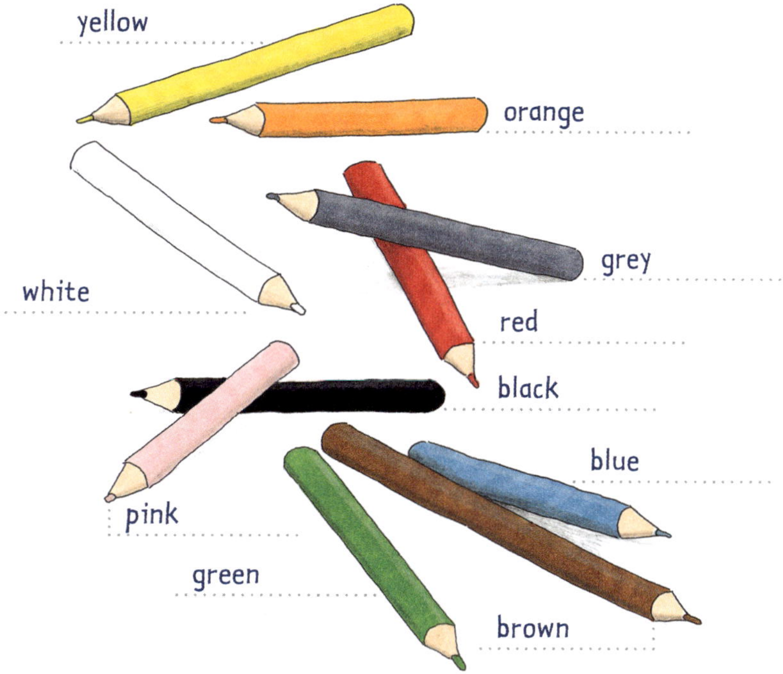

Vocabulary – Wortschatz

black	schwarz	orange	orange
blue	blau	pink	pink, rosa
brown	braun	red	rot
green	grün	white	weiß
grey	grau	yellow	gelb

Üben 18 Punkte

Üben 19 Male das Bild aus. Verwende die angegebenen Farben.

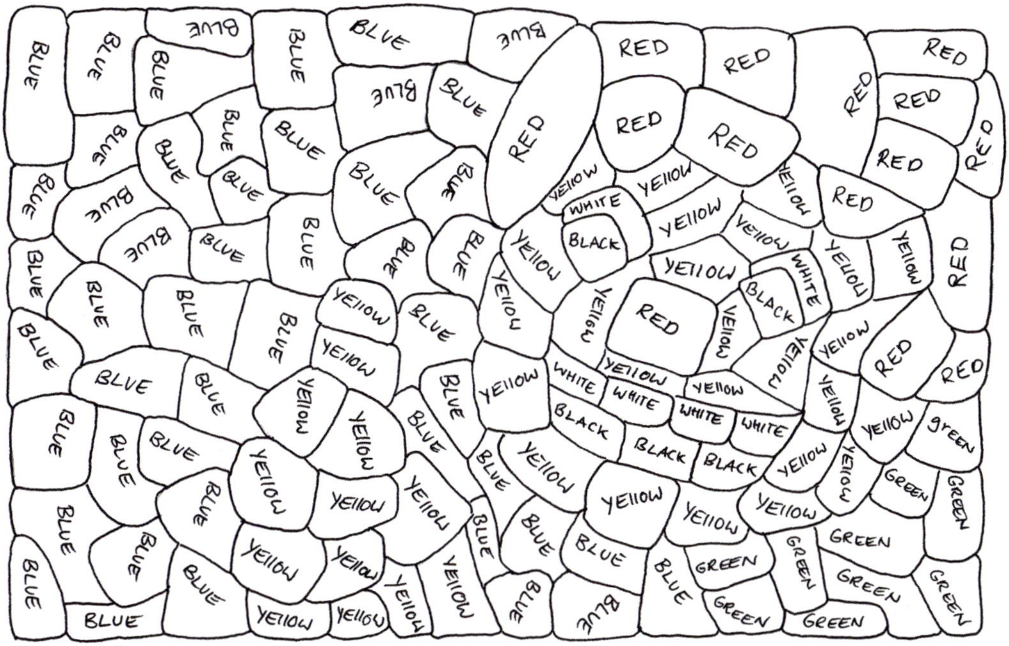

Üben 20 Ergänze die fehlenden Wörter.

yellow and **red** = _ _ _ _ _ _

_ _ _ _ and **yellow** = **green**

black and **white** = _ _ _ _

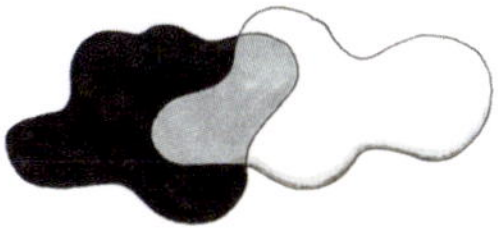

Colours – Farben

Jetzt wird's bunt!

Lösung 19 Für das richtig ausgemalte Bild gibt es 6 Punkte.

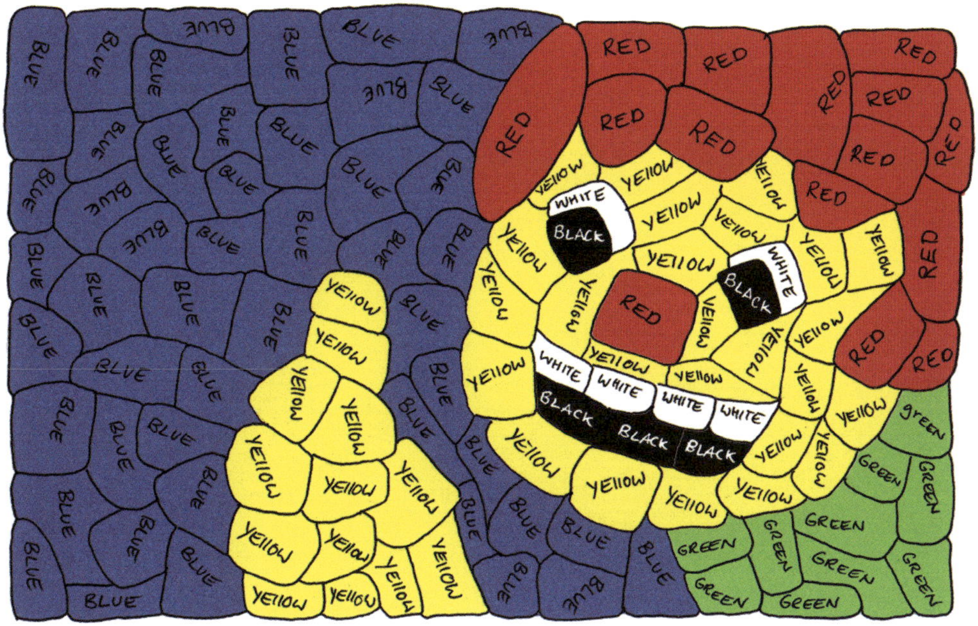

Lösung 20 Für jede richtig ergänzte Farbe gibt es 1 Punkt.

yellow and red = **orange**

blue and yellow = green

black and white = **grey**

Üben 19 ___ Punkte Üben 20 ___ Punkte

Üben 21 Welche ist deine Lieblingsfarbe? Vervollständige die Sätze.

What's your favourite colour?

My favourite colour is r e d.

What's your favourite colour?

My favourite colour is _ _ _ _.

What's your favourite colour?

My favourite c _ _ _ _ _ is _ _ _ _.

What's your favourite colour?

My favourite _ _ _ _ _ _ is _ _ _ _ _.

And what's your favourite colour?

My f.......................... c.......................... is

....

Colours – Farben

Meine Lieblingsfarbe

Meine Lieblingsfarbe

Lösung 21 Für jeden richtig ergänzten Satz gibt es 1 Punkt. Für den letzten Satz gibt es 2 Punkte.

What's your favourite colour? My favourite colour is **red.**

What's your favourite colour? My favourite colour is **blue.**

What's your favourite colour? My favourite **colour** is **pink.**

What's your favourite colour? My favourite **colour** is **green.**

And what's your favourite colour?
My favourite colour is *(deine Lieblingsfarbe)*.

TIPP

Im Englischen werden oft verkürzte Formen verwendet.

what's = what is   I'm = I am   it's = it is   it isn't = it is not

Vocabulary – Wortschatz

What's your favourite colour?	Welche ist deine Lieblingsfarbe?
My favourite colour is blue.	Meine Lieblingsfarbe ist Blau.

Üben 21 ☐ Punkte

Üben 22 Verbinde jedes Wort mit dem passenden Bild.

grapes	pear
banana	lemon
onion	tomato
potato	apple
strawberry	pineapple
cucumber	orange
	carrot

Obst- und Gemüsemix

Lösung 22 Für jede richtige Zuordnung gibt es 1 Punkt.

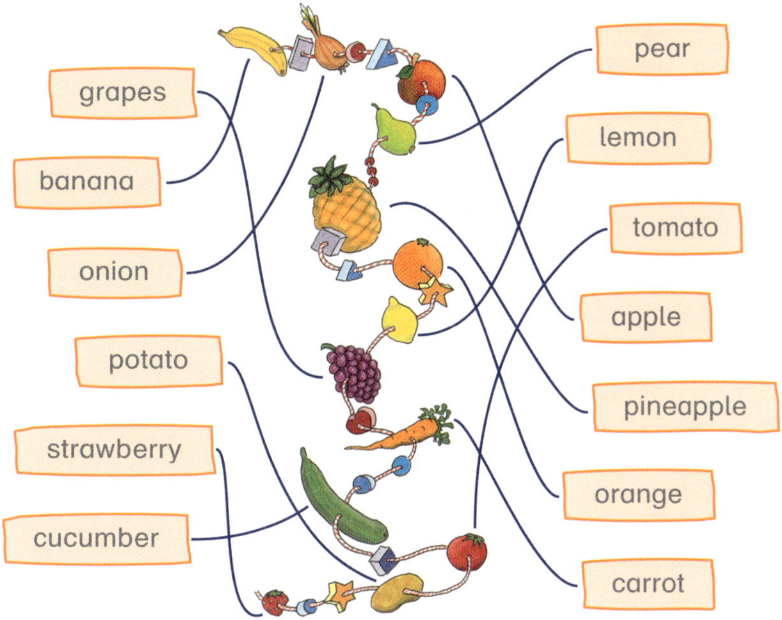

Vocabulary – Wortschatz

apple	der Apfel	onion	die Zwiebel
banana	die Banane	orange	die Orange
carrot	die Möhre	pear	die Birne
cucumber	die Gurke	pineapple	die Ananas
grapes	die Trauben	potato	die Kartoffel
lemon	die Zitrone	strawberry	die Erdbeere
		tomato	die Tomate

Üben 22 ☐ **Punkte**

Üben 23 Wie viele sind es? Zähle und ergänze die fehlenden Buchstaben und Wörter.

There are t w _ a _ _ l _ s.

There are _ _ _ _ _ p _ _ _ _.

There are _ _ _ _ c _ r r _ t _.

There are _ _ _ _ n _ _ n _.

There is _ _ _ o _ a _ _ e.

Üben 24 Stimmt die Aussage? Kreuze an.

	yes	no
There are five cucumbers.	☐	☐
There are six apples.	☐	☐
There are three oranges.	☐	☐
The lemons are blue.	☐	☐
The pears are green.	☐	☐
There are five lemons.	☐	☐
The apples are red.	☐	☐

Am Obst- und Gemüsestand

Lösung 23

Für jeden richtig ergänzten Satz gibt es 1 Punkt.

There are **two apples.**
There are **three pears.**
There are **four carrots.**
There are **two onions.**
There is **one orange.**

Lösung 24

Für jede richtige Antwort gibt es 1 Punkt.

	yes	no
There are five cucumbers.		X
There are six apples.	X	
There are three oranges.	X	
The lemons are blue.		X
The pears are green.	X	
There are five lemons.		X
The apples are red.	X	

Vocabulary – Wortschatz

There is … / There are … Es gibt …

Üben 23 ☐ Punkte Üben 24 ☐ Punkte

Üben 25 Ergänze die Einkaufsliste.

Üben 26 Kreise alle Obstsorten rot und alle Gemüsesorten grün ein.

- potato
- sister
- green
- tomato
- carrot
- grapes
- cucumber
- orange
- pear
- mouse
- onion
- blue
- lemon
- pineapple
- monkey
- strawberry

Auf der Einkaufsliste

Lösung 25 Für jeden richtigen Eintrag auf der Einkaufsliste gibt es 1 Punkt.

three apples, one lemon, two bananas, two oranges,
one pineapple

Lösung 26 Für jedes richtig eingekreiste Wort gibt es 1 Punkt.

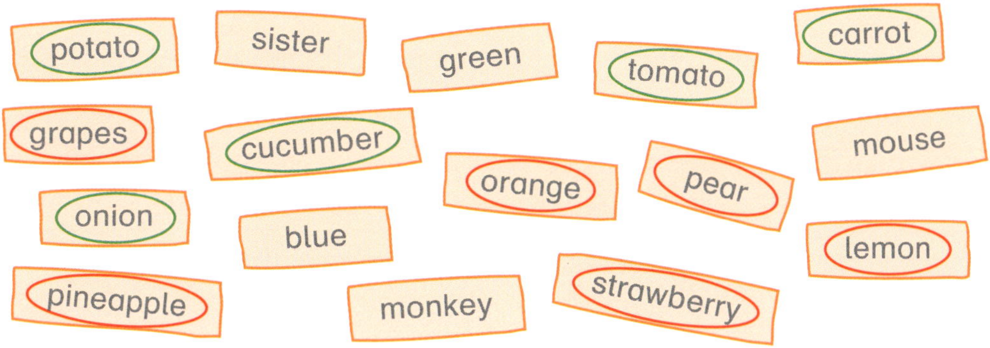

Üben 25 ☐ Punkte Üben 26 ☐ Punkte

Üben 27 Vervollständige die Sätze. Die Wörter im Kasten helfen dir.

butter ~~honey~~ coffee jam cheese bread tea cornflakes toast milk

What's this? This is honey.

Do you like ....?

I like ....

with ....

Can I have some ...., please?

We like ....

with ....

I don't like ....

Can I have some ...., please?

Do you like ....?

Beim Frühstück

Lösung 27

Für jedes richtig ergänzte Wort gibt es 1 Punkt.

What's this? This is **honey.**
Do you like **cheese?**
I like **toast** with **jam.**
Can I have some **butter,** please?
We like **cornflakes** with **milk.**
I don't like **coffee.**
Can I have some **bread,** please?
Do you like **tea?**

Vocabulary – Wortschatz

bread	das Brot	honey	der Honig
butter	die Butter	jam	die Marmelade
cheese	der Käse	milk	die Milch
coffee	der Kaffee	tea	der Tee
cornflakes	die Cornflakes	toast	der Toast

What's this?	Was ist das?
Do you like cheese?	Magst du Käse?
Can I have some butter, please?	Kann ich bitte etwas Butter bekommen?
I don't like coffee.	Ich mag keinen Kaffee.

Üben 28 Unten sind acht Gerichte abgebildet. Finde die passenden Wörter im Buchstabengitter und schreibe sie auf.

K	T	R	A	V	S	B	M	U	G
N	D	G	A	O	U	R	H	P	S
G	E	S	O	U	P	A	W	I	P
M	S	A	N	D	W	I	C	H	A
T	R	F	C	H	E	Z	M	L	G
S	I	N	H	R	J	E	B	S	H
T	C	A	I	B	Q	U	K	W	E
E	E	O	P	L	V	T	D	O	T
A	T	N	S	F	I	S	H	C	T
K	D	E	S	S	E	R	T	P	I

soup

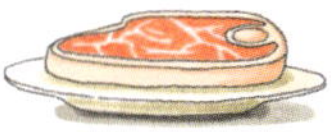

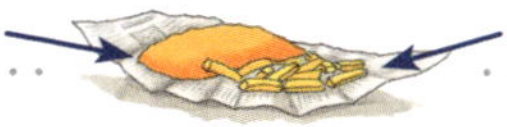

Fruit, vegetables, food – Obst, Gemüse, Lebensmittel

Lecker!

Lecker!

Lösung 28

Für jedes richtige Wort gibt es 1 Punkt.

K	T	R	A	V	S	B	M	U	G
N	D	G	A	O	U	R	H	P	S
G	E	S	O	U	P	A	W	I	P
M	S	A	N	D	W	I	C	H	A
T	R	F	C	H	E	Z	M	L	G
S	I	N	H	R	J	E	B	S	H
T	C	A	I	B	Q	U	K	W	E
E	E	O	P	L	V	T	D	O	T
A	T	N	S	F	I	S	H	C	T
K	D	E	S	S	E	R	T	P	I

1. soup
2. sandwich
3. fish
4. dessert
5. steak
6. rice
7. chips
8. spaghetti

Vocabulary – Wortschatz

chips	die Pommes frites	sandwich	das Sandwich
dessert	der Nachtisch	soup	die Suppe
fish	der Fisch	spaghetti	die Spaghetti
rice	der Reis	steak	das Steak

Üben 29 Welches Körperteil ist das? Beschrifte den Körper.

Die Wörter im Kasten helfen dir.

arm ear eye nose foot hand toe ~~head~~
mouth leg finger knee elbow

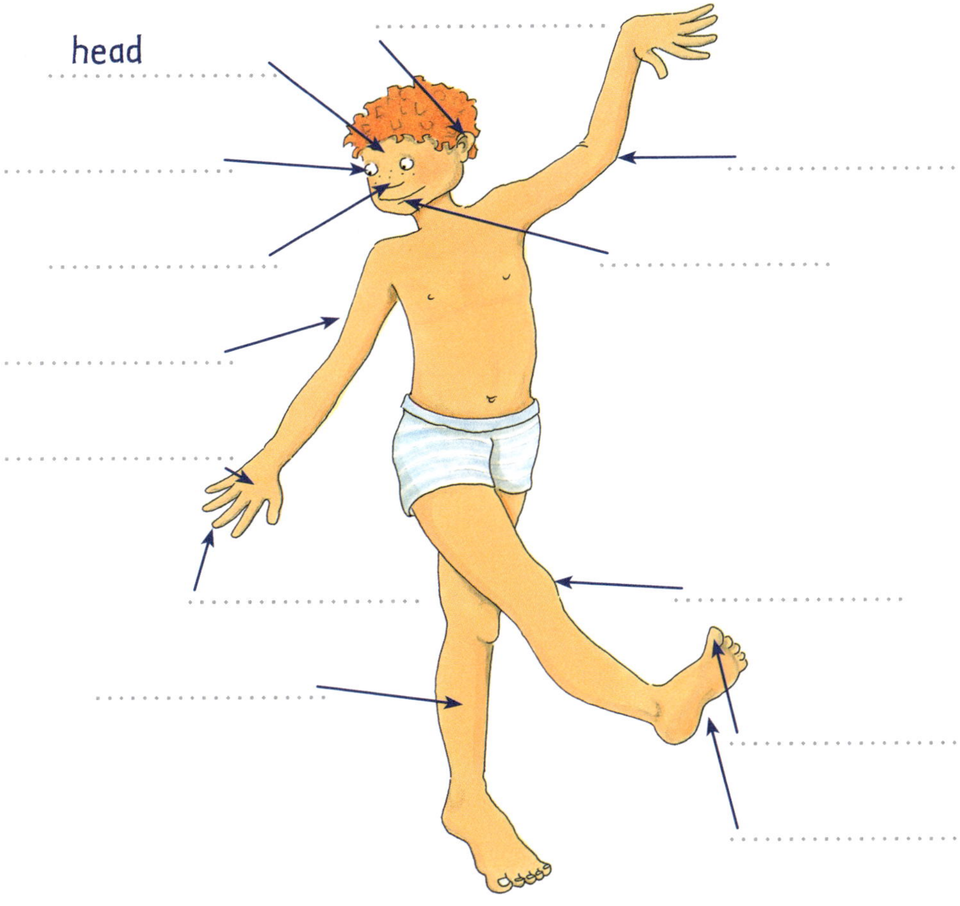

Von Kopf bis Fuß

Lösung 29 Für jede richtige Zuordnung gibt es 1 Punkt.

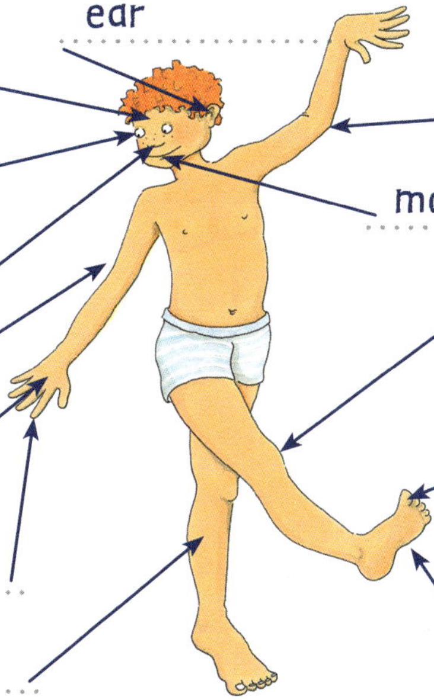

Vocabulary – Wortschatz

arm	der Arm	head	der Kopf
ear	das Ohr	knee	das Knie
elbow	der Ellbogen	leg	das Bein
eye	das Auge	mouth	der Mund
finger	der Finger	nose	die Nase
foot	der Fuß	toe	der Zeh
hand	die Hand		

Üben 29 Punkte

Üben 30 Ergänze die fehlenden Wörter und Buchstaben.

I have got a h_ _ _ _ .

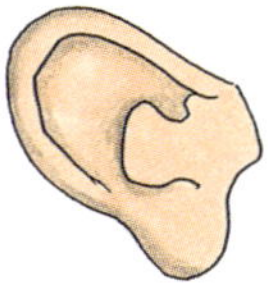

I have got two _ _ _ s .

I have got two _ _ _ _ _ s

and _ _ _ f _ _ _ _ _ _ _ .

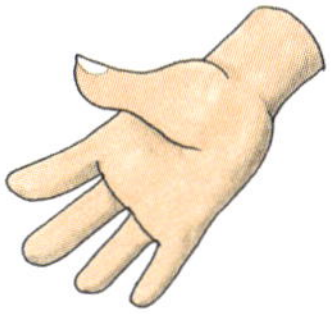

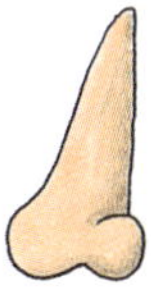

I have got _ _ _ _ _ _ .

I h_ _ _ _ g_ _ _ _ _ _ _ _ _ _ _ _ .

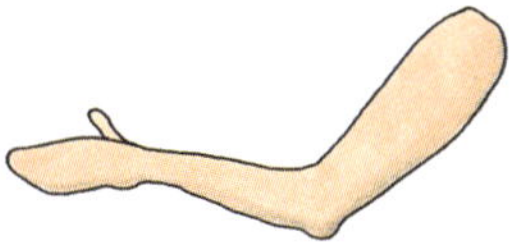

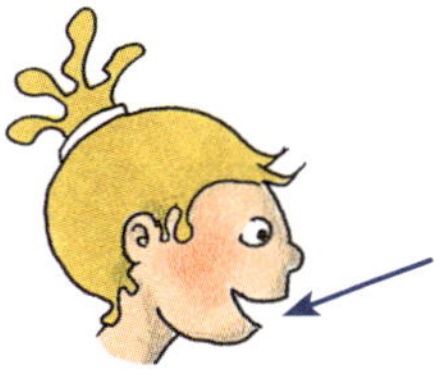

I _ _ _ _ _ _ _ _ _ _ _ _ _ _ _ _ _ _ .

I _ _ _ _ _ _ _ _ _ _ _ _ _ _ _ _ _ _ _ .

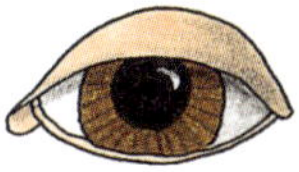

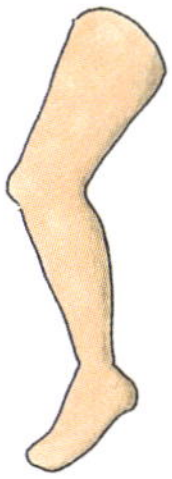

I _ _ _ _ _ _ _ _ _ _ _ _

l_ _ _ and _ _ _ k_ _ _ _ .

Body – Körper

Meine Körperteile

Lösung 30 Für die ersten beiden richtig ergänzten Sätze gibt es je 1 Punkt. Für die richtigen Sätze 3 bis 8 gibt es je 2 Punkte.

1. I have got a **head.**
2. I have got two **ears.**
3. I have got two **hands** and **ten fingers.**
4. I have got **a nose.**
5. I **have got two arms.**
6. I **have got a mouth.**
7. I **have got two eyes.**
8. I **have got two legs** and **two knees.**

TIPP

Im Englischen lautet der unbestimmte Artikel **a.**

a head	**ein** Kopf	**a** cat	**eine** Katze
a leg	**ein** Bein		

Beginnt das Namenwort mit einem Selbstlaut, wird der unbestimmte Artikel **a** zu **an.**

an eye	**ein** Auge	**an** orange	**eine** Orange

Üben 31 „Mein ... tut weh!“ Verbinde jedes Kind mit der passenden Sprechblase.

My eye hurts.

My head hurts.

My knee hurts.

My arm hurts.

My leg hurts.

My nose hurts.

Autsch!

Lösung 31 Für jede richtige Zuordnung gibt es 1 Punkt.

TIPP

Im Englischen wird an die Gegenwartsform der 3. Person Einzahl immer ein **-s** gehängt:

Einzahl		**Mehrzahl**	
1. Person:	I like	1. Person:	we like
2. Person:	you like	2. Person:	you like
3. Person:	he like**s**	3. Person:	they like
	she like**s**		
	it like**s**		

Vocabulary – Wortschatz

to hurt	wehtun
My knee hurts.	Mein Knie tut weh.

Üben 31 Punkte

Üben 32 Schreibe unter jedes Bild den passenden Monatsnamen. Die Wörter aus dem Kasten helfen dir.

May	~~December~~	July	November	February	September
October	March	January	June	April	August

winter

December

spring

summer

autumn

Monate und Jahreszeiten

Lösung 32 Für jede richtige Zuordnung gibt es 1 Punkt.

winter	December	January	February
spring	March	April	May
summer	June	July	August
autumn	September	October	November

TIPP

In der Regel werden Namenwörter im Englischen kleingeschrieben. Ausnahmen, die großgeschrieben werden, sind Personennamen, Wochentage, Monatsnamen und Feiertage.

Anne Smith	Linda Miller
December	June
Monday	Friday
Christmas	Easter

Vocabulary – Wortschatz

autumn	der Herbst	summer	der Sommer
spring	der Frühling	winter	der Winter

Üben 32 Punkte

Üben 33 Wann hast du Geburtstag? Vervollständige die Sätze.

When's your birthday?

My birthday is in May. It's in spring.

Our birthday is in ....

It's in ....

My birthday is in ....

It's in ....

My birthday ....

It's in ....

My ....

....

And when's your birthday?

My birthday is .... It's ....

Wann hast du Geburtstag?

Lösung 33 Für jeden richtig ergänzten Satz gibt es 1 Punkt.

Our birthday is in **January.**

It's in **winter.**

My birthday is in **September.**

It's in **autumn.**

My birthday **is in August.**

It's in **summer.**

My **birthday is in March.**

It's in spring.

And when's your birthday?

My birthday is **in** *(dein Geburtsmonat)*.

It's **in** *(die passende Jahreszeit)*.

Vocabulary – Wortschatz

When's your birthday?	Wann hast du Geburtstag?
My birthday is in January.	Mein Geburtstag ist im Januar.

Üben 33 ☐ Punkte

Üben 34 Ergänze die passenden Monate. Die rot gekennzeichneten Buchstaben ergeben das Lösungswort.

3rd month M A R C H

1st month _ _ _ _ _ _ _

7th month _ _ _ _

10th month _ _ _ _ _ _ _

6th month _ _ _ _

12th month _ _ _ _ _ _ _ _

4th month _ _ _ _ _

2nd month _ _ _ _ _ _ _ _

Lösung: _ _ _ _ _ _ _ _

Kennst du die Monate?

Lösung 34 Für jedes richtige Wort gibt es 1 Punkt. Für das richtige Lösungswort gibt es 1 Punkt.

3rd month	MARCH	12th month	DECEMBER
1st month	JANUARY	4th month	APRIL
7th month	JULY	2nd month	FEBRUARY
10th month	OCTOBER		
6th month	JUNE	Lösungswort:	CALENDAR

TIPP

Dafür stehen die Buchstaben hinter den Zahlen:
1st = first = erste(r), 2nd = second = zweite(r), 3rd = third = dritte(r), 4th = fourth = vierte(r), 5th = fifth = fünfte(r), 6th = sixth = sechste(r), 7th = seventh = siebte(r), 8th = eighth = achte(r), 9th = ninth = neunte(r), 10th = tenth = zehnte(r), 11th = eleventh = elfte(r),12th = twelfth = zwölfte(r)

Vocabulary – Wortschatz

calendar	der Kalender	month	der Monat

Üben 34 Punkte

Üben 35 Sortiere die Wochentage. Trage dazu die Zahlen von 1 bis 7 ein.

Tuesday	Friday	Sunday	Wednesday
1 Monday	Thursday	Saturday	

Üben 36 Bringe die Buchstaben in die richtige Reihenfolge und schreibe die Wörter auf.

yda ... day

weke ...

eTduysa ...

kewened ...

draySaut ...

tmohn ...

dlaracne ...

eyra ...

Eine Woche hat sieben Tage

Lösung 35

Für jedes richtig nummerierte Wort gibt es 1 Punkt.

2 Tuesday | 5 Friday | 7 Sunday | 3 Wednesday

1 Monday | 4 Thursday | 6 Saturday

Lösung 36

Für jedes richtige Wort gibt es 1 Punkt.

yda: day
eTduysa: Tuesday
draySaut: Saturday
dlaracne: calendar

weke: week
kewened: weekend
tmohn: month
eyra: year

Vocabulary – Wortschatz

day	der Tag	weekend	das Wochenende
week	die Woche	year	das Jahr

Üben 35 ____ Punkte   Üben 36 ____ Punkte

Üben 37 Schau auf Lillys Kalender nach und ergänze die fehlenden Wochentage.

Lilly's piano lesson is on ....

On ...., Lilly wants to play with her friend Ben.

The afternoon on .... is free.

There is school in the afternoon on .... and

on ....

The weekend is on .... and on ....

Lilly's grandma is coming at the weekend.

Termine, Termine!

Lösung 37 Für jeden richtig ergänzten Wochentag gibt es 1 Punkt.

Lilly's piano lesson is on **Monday.**
On **Friday,** Lilly wants to play with her friend Ben.
The afternoon on **Wednesday** is free.
There is school in the afternoon on **Tuesday** and on **Thursday.**
The weekend is on **Saturday** and on **Sunday.**
Lilly's grandma is coming at the weekend.

TIPP

Die englischen Tageszeiten heißen:

morning	der Morgen	evening	der Abend
noon	der Mittag	night	die Nacht
afternoon	der Nachmittag	midnight	die Mitternacht

Vocabulary – Wortschatz

piano lesson	die Klavierstunde	school	die Schule
Lilly's grandma is coming at the weekend.		Lillys Oma kommt am Wochenende.	

Üben 37 Punkte

Üben 38 Verbinde die Wörter mit dem jeweils passenden Bild.

Christmas day

present

Father Christmas

turkey

angel

stocking

Christmas pudding

Christmas card

Christmas tree

star

Englische Weihnachten

Lösung 38

Für jede richtige Zuordnung gibt es 1 Punkt.

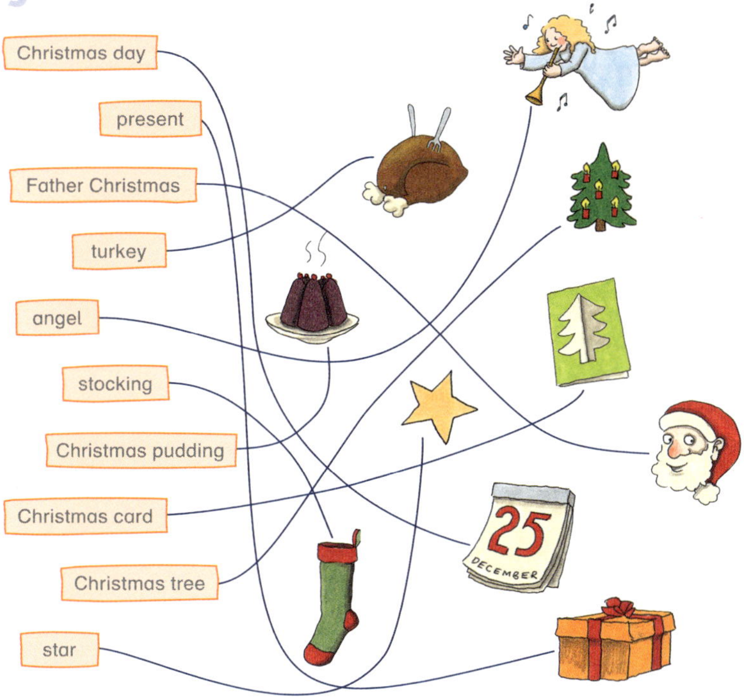

Vocabulary – Wortschatz

angel	der Engel	Father Christmas	der Weihnachtsmann
Christmas card	die Weihnachtskarte	present	das Geschenk
Christmas dáy	der erste Weihnachtsfeiertag	star	der Stern
Christmas pudding	englische Nachspeise an Weihnachten	stocking	der Strumpf
Christmas tree	der Weihnachtsbaum	turkey	der Truthahn

Üben 39 Male den Weihnachtsbaum an. Verwende dazu die angegebenen Farben.

Colour the tree **green.**

Colour the stars **yellow.**

Colour the gingerbread **brown.**

Colour the presents **orange, pink** and **blue.**

Colour the candles **red.**

Colour the angel **blue.**

Oh, Tannenbaum!

Lösung 39 Für das richtig ausgemalte Bild gibt es 6 Punkte.

Vocabulary – Wortschatz

gingerbread der Lebkuchen

Üben 40 Was heißt wie? Beschrifte das Haus. Die Wörter im Kasten helfen dir.

bedroom	kitchen	living room	cellar	bathroom
~~roof~~	window	stairs	door	attic

Unser Haus

Lösung 40 Für jede richtige Zuordnung gibt es 1 Punkt.

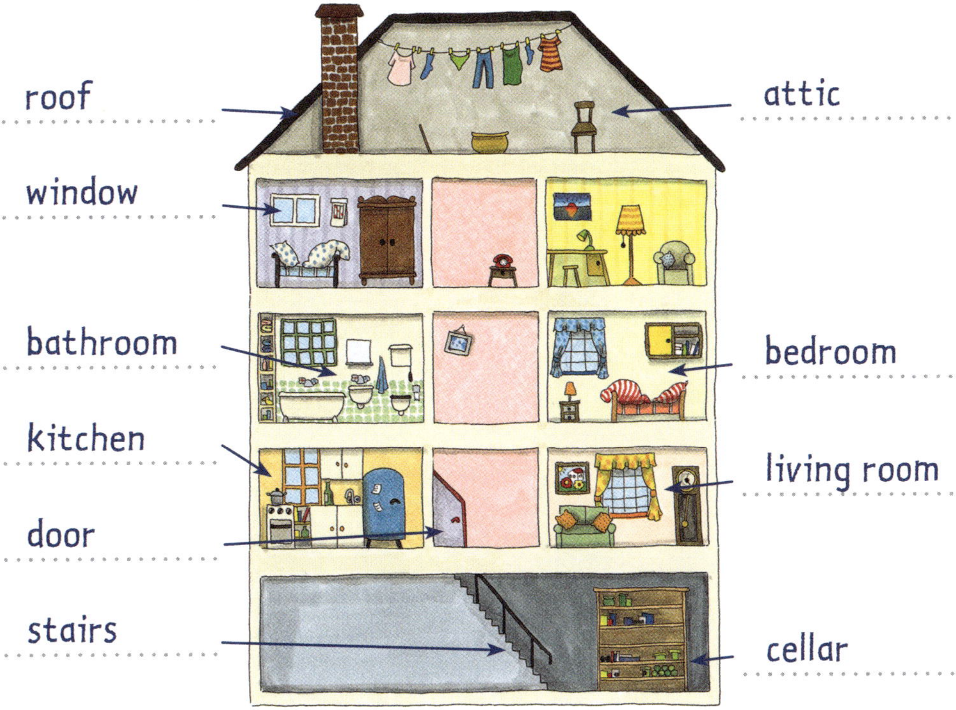

Vocabulary – Wortschatz

attic	der Dachboden	kitchen	die Küche
bathroom	das Badezimmer	living room	das Wohnzimmer
bedroom	das Schlafzimmer	roof	das Dach
cellar	der Keller	stairs	die Treppe
door	die Tür	window	das Fenster

Üben 41 Wo stehen die Möbel? Verbinde die Wörter mit den richtigen Zimmern.

- sofa
- bathtub
- lamp
- bed
- armchair
- toilet
- wardrobe
- curtain
- shelf
- desk

Wo stehen die Möbel?

Lösung 41 Für jede richtige Zuordnung gibt es 1 Punkt.

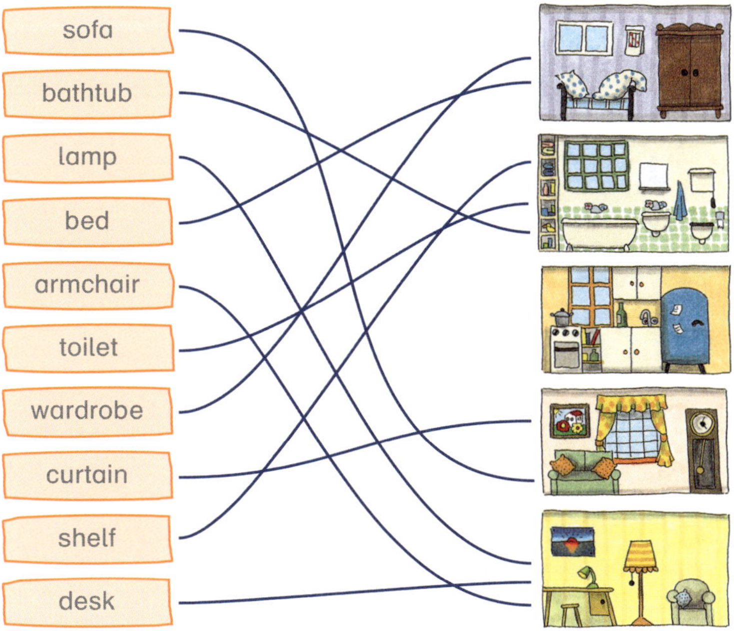

Vocabulary – Wortschatz

armchair	der Sessel	lamp	die Lampe
bathtub	die Badewanne	shelf	das Regal
bed	das Bett	sofa	das Sofa
curtain	der Vorhang	toilet	die Toilette
desk	der Schreibtisch	wardrobe	der Kleiderschrank

Üben 42 In Tonys Zimmer sind viele Dinge grün. Schreibe die Wörter auf.

Tony's r u g, _ _ _ _, _ _ _ _ _, _ _ _,

_ _ _ _ _ _ _ _ and _ _ _ _ _ _ _ _ are green.

Üben 43 Und was ist in Tonys Zimmer nicht grün?

The _ _ _ _ _ _ is red.

The _ _ _ _ is yellow. The _ _ _ _ is blue.

Tonys Zimmer

Lösung 42

Für jedes richtige Wort gibt es 1 Punkt.

Tony's **rug, desk, chair, bed, wardrobe** and **curtain** are green.

Lösung 43

Für jedes richtige Wort gibt es 1 Punkt.

The **poster** is red.
The **lamp** is yellow.
The **door** is blue.

Vocabulary – Wortschatz

chair	der Stuhl	poster	das Poster
door	die Tür	rug	der Teppich

Üben 42 Punkte Üben 43 Punkte

Üben 44 Löse das Rätsel. Wie lautet das Lösungswort?

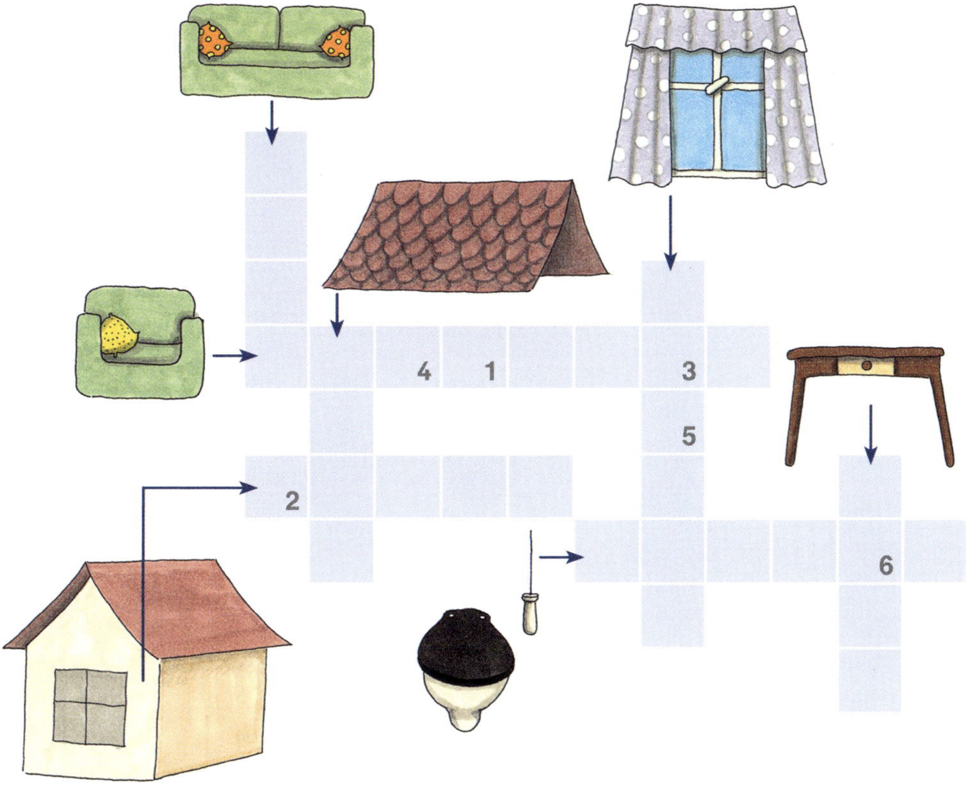

Lösungswort:

1	2	3	4	5	6	Y

Wie heißt was im Haus?

Lösung 44 Für jedes richtige Wort gibt es 1 Punkt. Für das richtige Lösungswort gibt es 1 Punkt.

Lösungswort: C H I M N E Y

Vocabulary – Wortschatz

chimney	der Kamin	roof	das Dach
house	das Haus	window	das Fenster

Üben 44 Punkte

Trage hier ein, wie viele Punkte du bei den Übungen erreicht hast und ob die Aufgaben für dich leicht 🙂 oder schwer ☹ waren.

Hello and goodbye!	Punktzahl	Erreichbare Punktzahl	🙂	☹
Üben 1		1		
Üben 2		2		
Üben 3		6		
Üben 4		4		
Gesamtpunktzahl		13		

Numbers	Punktzahl	Erreichbare Punktzahl	🙂	☹
Üben 5		9		
Üben 6		9		
Üben 7		6		
Gesamtpunktzahl		24		

My family	Punktzahl	Erreichbare Punktzahl	🙂	☹
Üben 8		7		
Üben 9		5		
Üben 10		7		
Üben 11		6		
Üben 12		7		
Gesamtpunktzahl		32		

Trainingsergebnisse

Animals	Punktzahl	Erreichbare Punktzahl	☺	☹
Üben 13		14		
Üben 14		7		
Üben 15		10		
Üben 16		9		
Üben 17		14		
Gesamtpunktzahl		54		

Colours	Punktzahl	Erreichbare Punktzahl	☺	☹
Üben 18		9		
Üben 19		6		
Üben 20		3		
Üben 21		5		
Gesamtpunktzahl		23		

Fruit, vegetables, food	Punktzahl	Erreichbare Punktzahl	☺	☹
Üben 22		12		
Üben 23		5		
Üben 24		7		
Üben 25		4		
Üben 26		10		
Üben 27		9		
Üben 28		7		
Gesamtpunktzahl		54		

Body	Punktzahl	Erreichbare Punktzahl	☺	☹
Üben 29		12		
Üben 30		14		
Üben 31		6		
Gesamtpunktzahl		32		

Around the year	Punktzahl	Erreichbare Punktzahl	☺	☹
Üben 32		11		
Üben 33		10		
Üben 34		8		
Üben 35		6		
Üben 36		7		
Üben 37		7		
Üben 38		9		
Üben 39		6		
Gesamtpunktzahl		64		

At home	Punktzahl	Erreichbare Punktzahl	☺	☹
Üben 40		9		
Üben 41		9		
Üben 42		5		
Üben 43		3		
Üben 44		8		
Gesamtpunktzahl		34		

Endergebnis: .... von 330 erreichbaren Punkten.

Trainingsergebnisse

Bis 150 Punkte: Prima, dass du alle Aufgaben bearbeitet und so fleißig trainiert hast! Du solltest jedoch noch weiterüben, um ein wenig sicherer im Englischen zu werden. Bitte deine Lehrerin oder deinen Lehrer um weitere Aufgaben.

151 bis 250 Punkte: Du hast vieles richtig gemacht und toll durchgehalten! Wenn du weiter regelmäßig trainierst, kannst du zu einem richtigen Englischprofi werden. Dazu solltest du dir die Aufgaben nochmals genau ansehen, bei denen du in den Trainingsergebnissen dieses Zeichen angekreuzt hast: .

251 und mehr Punkte: Herzlichen Glückwunsch! Du bist wirklich fit im Englischen! Nun ist es wichtig, dass du durch regelmäßiges Training deine gute Form hältst: Suche dir für die Freiarbeit in der Schule oder zum Üben zu Hause immer wieder mal kleine Aufgaben. Lies außerdem regelmäßig die Tipps auf den Lösungsseiten in diesem Block.

Als Belohnung fürs Durchhalten darfst du dir die Medaille auf der nächsten Seite ausschneiden!

Du hast es geschafft!

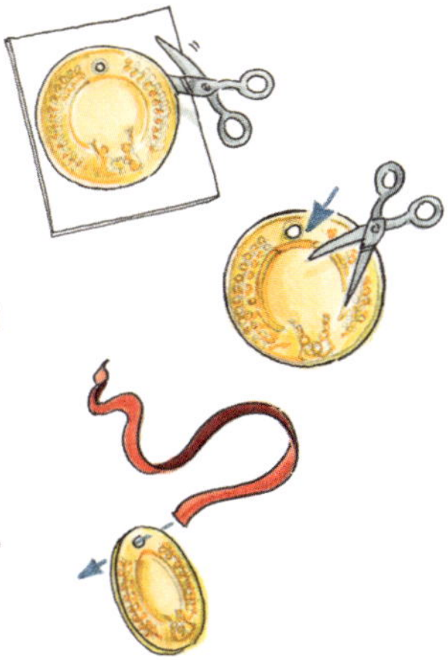

Trenne das Blatt heraus und schneide die Medaille aus.

Stich oder schneide ein Loch in den kleinen Kreis oben.

Ziehe ein Band durch das Loch.